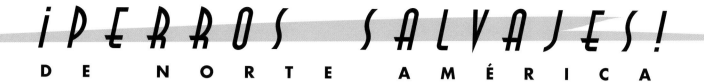

¡PERROS SALVAJES!

DE NORTE AMÉRICA

EL COYOTE

Por Jalma Barrett
Fotografías por Larry Allan

BLACKBIRCH®
PRESS

THOMSON

GALE

San Diego • Detroit • New York • San Francisco • Cleveland • New Haven, Conn. • Waterville, Maine • London • Munich

LIBRARY OF CONGRESS CATALOGING-IN-PUBLICATION DATA

Barrett, Jalma.
  [Coyote. Spanish]
  El coyote / by Jalma Barrett.
    p. cm. — (Perros salvajes!)
Summary: Describes the physical appearance, habits, hunting and mating behaviors, and life cycle of coyotes.
Includes bibliographical references and index.
  ISBN 1-41030-013-7 (hardback : alk. paper)
  1. Coyote—Juvenile literature. [1. Coyote.] I. Title. II. Series: Barrett, Jalma. Wild canines!

QL737.C22 B3418 2003
599.77'25—dc21   2002015925

Printed in United States
10 9 8 7 6 5 4 3 2 1

Contenido

Introducción

El coyote es el más numeroso de los 7 cánidos (animales parecidos al perro, por ejemplo lobos y zorros) salvajes de Norteamérica. Los dibujos animados han retratado al coyote como mañoso y tramposo. Esta imagen es parcialmente verdadera— el coyote es inteligente y adaptable (capaz de cambiar para vivir en diferentes condiciones).

Antes los coyotes se encontraban sólo en el sur y el este de Alaska, el sur y el oeste de Canadá, y el oeste de Estados Unidos. Pero hoy, cuando los lobos desaparecen del este de Estados Unidos, los coyotes van extendiéndose en sus hábitats abandonados.

Territorio del Coyote

Canadá

Estados Unidos

México

América Central

Territorio del coyote

El hábitat del coyote ha crecido recientemente.

Los coyotes ahora se encuentran en todas partes de Estados Unidos. En el oeste, prefieren vivir en los llanos abiertos. En el este, habitan los breñales y matorrales. También hay coyotes en México y Centroamérica.

Aspecto físico

Los coyotes se parecen a los otros cánidos norteamericanos de varias maneras. Todos los cánidos tienen el cuerpo delgado, el hocico largo y puntiagudo, las orejas triangulares, las piernas largas y delgadas, y la cola peluda. Los coyotes tienen algunos rasgos únicos. Sus orejas son más grandes y puntiagudas que las de los lobos, y su hocico es más estrecho.

El pelo del coyote varía en color entre pardo y gris. En la espalda el color se ve mezclado con anaranjado, y el pelo del vientre es más amarillento. Las piernas son de color amarillo o rojizo, con una línea oscura en la pata. La punta de la cola es negra. El coyote suele pesar entre 20 y 40 libras (9-18 kilogramos), pero algunos llegan a 55 libras (25 kilos).

Las orejas del coyote son más largas y puntiagudas que las del lobo.

LO QUE REVELA LA COLA

Si ves un animal parecido a un perro que corre por el bosque, puede ser difícil distinguir de momento si es un lobo, un coyote, o un perro. Hay una manera de saberlo a ciencia cierta: todo te lo dice la cola. El coyote corre con la cola hacia abajo. El lobo corre con la cola derecha, hacia atrás. Y el perro corre con la cola hacia arriba.

Coyote

Lobo

Perro

El coyote suele medir entre 23 y 26 pulgadas (58-66 centímetros) hasta el hombro. En comparación, el coyote mide una o dos pulgadas más que un perro labrador, pero sólo pesa la mitad. El cuerpo del coyote mide 3.5 a 4.5 pies (105-132 cm) de largo, y su cola mide entre 12 y 15 pulgadas (30-39 cm). Los que viven en el desierto pesan como promedio 25 libras (11 kg) y son más pequeños que sus parientes de clima frío. Es más fácil mantener fresco un cuerpo más pequeño. El cuerpo más grande es mejor para animales en regiones frías porque tiene más masa y por eso se mantiene más caliente.

Rasgos especiales

Los caninos salvajes tienen agudos sentidos del oído, de la vista, y del olfato que los ayudan a encontrar presa. Como los de otros depredadores, los ojos del coyote miran hacia adelante. Esto le da la vista binocular, la habilidad de enfocar los dos ojos juntos, para que pueda juzgar la distancia de su presa. Una capa reflectora en los ojos mejora su vista de noche. Hace rebotar los rayos de luz para que las células sensibles a la luz (los bastoncillos) tengan una segunda oportunidad de absorberlos.

El coyote es el más rápido de los cánidos salvajes.

Un excelente sentido del olfato ayuda a seguir a la presa.

El coyote figura entre los cánidos salvajes más rápidos. Generalmente corre a una velocidad de entre 25 y 30 millas (40-50 kilómetros) por hora, pero puede alcanzar 40 millas (65 km) por hora en distancias cortas.

La característica más importante del coyote es su extraordinaria adaptabilidad, que le ha permitido aumentar su hábitat y su número. En el pasado, los cazadores mataron muchos lobos, pumas, y osos. La reducción de las poblaciones de estos depredadores dejó que los coyotes llegaran a ocupar sus hábitats. Además, la expansión de la agricultura, especialmente en el centro de Estados Unidos, aumentó la población de roedores, un alimento principal del coyote.

Los coyotes se adaptan rápidamente al cambio, lo cual los hace especialistas en la supervivencia.

La vida social

La estructura social del coyote es muy variable—algunos forman manadas familiares de 4 a 8 miembros, y otros prefieren vivir solos. Como en el caso de los lobos, el macho y la hembra más fuertes de la manada se convierten en sus líderes.

Al amanecer, al anochecer, y durante la noche, un coyote a veces suelta una serie de ladridos, seguida de un aullido largo que termina en chillidos. Esta vocalización ayuda a los miembros de una familia a localizarse. Una llamada usualmente recibe una respuesta inmediata.

Entonces otros coyotes se juntan al coro. Esto no se hace solamente para la comunicación. Algunos coyotes aúllan simplemente por placer. Los coyotes no ladran tanto como los perros domésticos. Para el coyote, el ladrar sin aullar es una amenaza a otros animales, normalmente para defender la comida o la guarida.

Al igual que otros cánidos, el coyote marca su territorio. La orina y los excrementos se depositan en troncos de árboles o en piedras como marcadores de olor. El dejar la marca en un lugar alto pone el olor cerca de las narices de otros animales. Un hábito extraño del coyote es el de dejar este tipo de marcador en la línea que separa los carriles de una carretera.

Al lado: Los aullidos de los coyotes ayudan a los miembros de la manada a localizarse.
Arriba, a la derecha: Los coyotes marcan su territorio con olores.
Abajo, a la derecha: Algunos coyotes aúllan por placer.

La cacería y el alimento

Los coyotes cazan a solas, en pareja, o en pequeños grupos. La caza en grupo empieza cuando todos los coyotes aúllan al mismo tiempo, para llamarse la atención y organizarse. Los coyotes son conocidos por comerse todo lo que se pueda masticar, y su dieta es muy variada. En el seco sudoeste, por ejemplo, la dieta del coyote incluye conejos, ratas, venados, saltamontes, la fruta del junípero, tunas, y carroña (animales muertos). En áreas húmedas, ranas, liebres, tuzas, serpientes, y frutas regionales pueden añadirse a su dieta.

El coyote acecha su presa como lo hace el perro de muestra— se mantiene muy quieto, vigilándola antes de arrojarse. ¡Un observador vio a coyote mantenerse perfectamente inmóvil, con una pata levantada, durante más de 11 minutos!

Para presa grande, como el venado, varios coyotes trabajan juntos. Cuando cazan animales que corren rápido, como liebres, lo hacen por turnos. Así la presa se cansa y los coyotes la agarran.

Los coyotes acechan su presa antes de arrojarse.
Al lado: Los coyotes cazan solos o en grupos.

También los coyotes a veces forman equipo con otros animales, por ejemplo los tejones. Se han observado casos en que los coyotes persiguen a los tejones hasta que éstos entren en la madriguera donde se esconde alguna presa. Los dos depredadores se benefician de esta asociación asombrosa. Cuando el tejón entra en la madriguera, el coyote vigila la salida. Si la presa sale, el coyote la agarra y se la come. Si la presa percibe la presencia del coyote, en cambio, muchas veces se queda en la madriguera y el tejón tiene una mayor probabilidad de capturarla.

Algunos coyotes trabajan en equipo con otros animales para atrapar su presa. Un coyote vigilará la salida mientras un tejón hace que la presa salga de su madriguera.

Al lado: Un coyote devora la ardilla que acaba de cazar. Los roedores pequeños son una presa fácil para animales que cazan a solas.

Apareamiento

Los coyotes forman parejas que duran varios años, o a veces la vida entera. Entre febrero y abril, los coyotes comienzan su ciclo de reproducción. Generalmente, sólo la pareja más fuerte de la manada (la pareja "alfa") procrean. Las hembras de segundo rango sólo se aparean si la manada pierde miembros o si la población se ve amenazada.

El macho y la hembra forman una pareja que dura mucho tiempo.

Los dos padres juntos crían los cachorros.

La guarida del coyote normalmente está excavada en la orilla de un río o la ladera de un barranco. La hembra o excava una guarida nueva o hace más grande la madriguera abandonada de un tejón o un zorro. Cuando los coyotes cavan, la tierra que sacan se deposita en un montecillo o en forma de abanico alrededor de la entrada. Los coyotes también a veces se asientan en una cueva o un tronco hueco.

Los coyotes sólo usan la guarida para criar sus cachorros. Suelen tener varias guaridas de emergencia en el área, y pueden mudar los cachorros a otra si se ven amenazados. Abandonan la guarida en cuanto las crías puedan sobrevivir solas.

Los cachorros

Una camada de entre 1 y 19 cachorros (usualmente 5-10) nace 63 días después de que los adultos se aparean. Nacen ciegos e indefensos. Durante los primeros 10 u 11 días no pueden abrir los ojos. Las crías salen de la guarida por primera vez más o menos a las 3 semanas. A las 4 prueban comida sólida. Los adultos regurgitan (devuelven el alimento del estómago a la boca) para los cachorros. Los jóvenes nacidos el año anterior ayudan a llevarles comida. La madre amamanta las crías durante 12 semanas, aunque les salen los dientes a las 6 semanas. Cuando los cachorros tienen unos 3 meses, los padres les llevan pequeños roedores.

Arriba: El cachorro sale de la guarida a las 3 semanas. **Izquierda:** Los padres mastican los primeros alimentos del cachorro.

Un cachorro observa el mundo desde su guarida en un tronco.

Eventualmente les llevan presa viva a los cachorros para que aprendan a cazar. Tienen que aprender las destrezas de la supervivencia. Como parte de su adiestramiento, los cachorros persiguen hojas, pedacitos de pelo, y otros desechos. Acechan y se arrojan sobre estos artículos como práctica de las destrezas que necesitarán en la vida adulta. Como otros cánidos salvajes, los cachorros coyotes también se abalanzan sobre sus hermanos, gruñiendo y ladrando. Esto ayuda a establecer el orden social o rango de dominación en la manada.

En el otoño, la manada cambia. Algunos de los adultos secundarios deciden marcharse para vivir solos o formar otra manada. Algunos cachorros deciden pasar otro año con sus padres. Para el invierno, la población de la manada se establece y el grupo está listo para volver a empezar el ciclo de vida.

En su hábitat natural, los coyotes suelen vivir 6 u 8 años. Se sabe de un coyote que vivió más de 14 años, y otro llegó a los 18 años en cautiverio (cuidado por humanos).

Al lado, arriba: Una madre regresa a la guarida con caza para sus crías.

Al lado, abajo: Los cachorros mordisquean la boca de la mamá para estimular la regurgitación.

A la dereche: El juego infantil ayuda a formar el orden social.

Inserto arriba: Primer aullido de un cachorro

Inserto abajo: Jugar a la caza prepara los cachorros para la supervivencia.

El coyote y el hombre

Ya que se han reducido los depredadores naturales del coyote—los osos, los pumas y los lobos— el humano es su depredador principal. Por ejemplo, los agricultores los matan para proteger sus cerdos, corderos, pollos, y terneros (aunque los coyotes raras veces los cazan).

Durante las décades de 1970 y 1980, también se mataba a los coyotes por su piel. Desde entonces la industria de pieles ha declinado, y hoy las pieles de coyote valen muy poco.

El coyote puede vivir con éxito cerca del humano. A pesar de los esfuerzos de los humanos por destruir o al menos reducir la población de coyotes, estos especialistas en supervivencia han mantenido su posición en el oeste de Estados Unidos, y sus números en el este suben. Algunas personas les tienen miedo o los consideran una molestia. Pero el coyote es un animal único y útil que ayuda a mantener el equilibrio de la naturaleza. Usa sus extraordinarias destrezas de caza y de supervivencia para cazar y controlar la población de otros animales.

Datos sobre el coyote

Nombre científico: Canis latrans

Altura al hombro: 23-26" (58-66 cm)

Longitud del cuerpo: 3.5 - 4.5 pies (105-132 cm)

Longitud de la cola: 12-15"

Peso: 20-40 libras (9-18 kg)

Color: Gris, beige, y amarillo

Madurez sexual: A 1-2 años

Embarazo: 63 días

Cachorros por camada: 1-19 (1 camada por año)

Vida social: Grupos pequeños y muy estructurados; parejas; o solitaria

Alimentos preferidos: Es oportunista (come de todo)

Extensión: Estados Unidos continental; el sur y el oeste de Canadá; el sur y el este de Alaska; México; Centroamérica

Glosario

adaptabilidad Capacidad de cambiar para vivir en una nueva situación

aparearse, procrear Encontrar pareja y producir crías

depredador Un animal que caza y come otros animales

hábitat El lugar y las condiciones naturales en los cuales vive un animal o planta

presa Un animal al que otros animales cazan para comer

Para más información

Libros

Lepthien, Emilie. *Coyotes* (A New True Book). Danbury, CT: Children's Press, 1993.

Ryden, Hope. *Your Dog's Wild Cousins*. New York, NY: Lodestar Books, 1994.

Winner, Cherie. *Coyotes* (Nature Watch). Minneapolis, MN: Carolrhoda Books, 1995.

Web Sites

Familia canidae

Para aprender más sobre el coyote y su parentesco con los zorros y los lobos—
sciweb.onysd.wednet.edu/sciweb/zoology/mammalia/dog.html.

GeoZoo: Lobos, Coyotes, Zorros & Parientes

Detalles sobre las especies de la familia de los cánidos —
www.geobop.com/Mammals/Carnivora/canidae/index.htm.

Índice